REDENÇÃO

HÉLIO COUTO

REDENÇÃO

3ª edição
São Paulo, 2019

Linear B
editora

© Hélio Couto
Obra registrada na Biblioteca Nacional
2ª edição: 2019

***

REDENÇÃO

***

Rua dos Pinheiros, 1076 cj 52 • Pinheiros
CEP 05422-002 – São Paulo – SP – Brasil
Tel 011 3812-3112 e 3812-2817
www.linearb.com.br

***

Capa
Alice Barbosa

Edição
Linear B Editora

Dados Internacionais de Catalogação na Publicação – CIP

C871   Couto, Hélio
       Redenção. 3ª edição / Hélio Couto. – São Paulo: Linear
       B Editora, 2019. 68 p.

             1ª edição – São Paulo: Linear B Editora, 2018.
             ISBN 978-85-5538-083-9

          ISBN 978-85-5538-219-2

          1. Metafísica. 2. Mecânica Quântica. 3. Harmonia
          Cósmica. 4. Ressonância Harmônica. 5.
          Desenvolvimento Pessoal. 6. Redenção. 7. Vida em
          Sociedade. 8. Decisão. 9. Consciência. I. Título.
CDU 150   **CDD 150**

Catalogação elaborada por Regina Simão Paulino – CRB-6/1154

É possível expandir nossa consciência para iniciar a própria redenção. É preciso apenas a decisão de fazer isso. Pode parecer simples, mas olhar para dentro de si é a coisa mais difícil que existe. Porém, os frutos são maravilhosos na Árvore da Vida.

REDENÇÃO

O tema deste livro é Redenção.
Este é um tema, que mais cedo ou mais tarde, terá importância na vida de cada pessoa. Para entender a necessidade disso é preciso olhar o que aconteceu no passado. Desde a primeira vez em que se ganha autoconsciência e, livre arbítrio, ela sabe o que está fazendo, ela fez e faz escolhas e cada escolha tem uma consequência.

Verifiquemos na história da Terra, de qualquer das guerras ocorridas.

Você tem um exército invasor ou uma revolução. Por exemplo, quando se invade uma região há estupros em massa. Todas as mulheres de 8 a 80 anos são molestadas. A questão é, todos os soldados fizeram isso ou houve um que não fez? Algum protegeu as mulheres? Este 1 não tem carma. Os demais que fizeram, criaram um carma. É só um pequeno exemplo, uma pequena situação, de como as guerras, invasões, saques, escravidão, estupros, assassinatos etc., criam carmas. É o que acontece de mais comum na história da humanidade. Uma grande parte, para não dizer todos os habitantes, participou de algum destes atos. Esta grande parte só testemunhou ou se viu nesta situação e teve que tomar uma decisão. Esta decisão, no futuro, terá que ser resolvida. É o caso do vaso chinês, lembra? Você vai visitar alguém, esbarra no vaso chinês na sala da pessoa, valiosíssimo, quebra o vaso, e pede perdão. A pessoa perdoa porque é muito amiga. Ela dirá: "está perdoado, agora você faz o cheque para pagar o vaso". Nada mais justo. Perdão é uma coisa e pagar o vaso é outra.

Quando se cria uma situação desse tipo, que acabamos de exemplificar, polariza-se na própria pessoa uma carga energética negativa muito grande, de igual porte ao dano feito ao outro, e aquilo fica lá parado, arquivado para ser resolvido no futuro. Todos sabem que nós temos sete corpos, três transitórios e quatro eternos, permanentes, onde toda esta informação fica armazenada para sempre, até que seja resolvida. É assim que funciona e não há outra forma de ser. O Universo não é um achômetro. O universo é um imenso campo eletromagnético e ele funciona desta forma. Ajudou, polariza positivamente, prejudicou, polariza negativamente. E como somos uma estação de rádio ambulante, nós emitimos uma onda das nossas frequências e recebemos de volta a mesma coisa. Mandou 10, volta 10, mandou 20, volta 20, ou a frequência que for.

A nossa realidade é literalmente criada pelas nossas crenças e frequências emitidas, às frequências das crenças. Tudo que nós emanamos, volta, mais cedo ou mais tarde, portanto deve-se pensar mil vezes antes de se fazer as barbaridades que citamos acima. Basta ler a história desde os Sumérios para cá, não vamos puxar nem antes, e veremos n situações desse tipo.

Bom, isto vai armazenando, armazenando, armazenando, século após século, milênio após milênio, só armazenando, até que se chega numa situação em que existem pessoas na outra dimensão, que se considerarmos o tempo, em termos de eternidade, isto é, sem fim. Já dá para ter uma ideia do quanto isso é grande.

Quando falamos eterno, queremos dizer sem fim, infinito. E se nós pegarmos uma pessoa, como exemplo e virmos o seu *currículo Vitae*, o banco de dados que tem este currículo, chegaremos à conclusão de que este ser X, para limpar seu passado, precisa do médio prazo da eternidade. E o outro, o *y*, ele precisará do longo prazo da eternidade. Conseguem calcular o quanto é o longo prazo, considerando a regra da eternidade? Pois é, assim temos curto prazo, médio prazo e longo prazo. E não passa pela cabeça das pessoas, que isso um dia terá que ser resolvido e segue-se em frente. Não se pensa. Agora vocês imaginem, esta não é uma situação confortável e nem agradável. Mais cedo ou mais tarde terá que haver o que se chama Redenção. Essa pessoa terá que se redimir daquilo que fez. Compensar, pagar o cheque, inevitavelmente. Quanto mais tarde, pior fica, quanto mais cedo, melhor fica. É como aquela situação do juro composto, não é? Põe o juro composto em cima da eternidade para você ver quanto o que vai dar. Quanto mais se foge, mais problema se cria para si mesmo.

Ninguém é obrigado a tomar essas decisões. Tem que ficar claro, isso não é castigo, não é maldição, não é nada disso. Chama-se consciência. Mesmo que tenha sido ordenado pelo comando superior para estuprar as mulheres, a pessoa tem que dizer não, não fazer e proteger quem for possível. Não tem como dar desculpa num caso como este, é uma escolha. "Ah, se eu não estuprar, eu serei fuzilado", então seja fuzilado dignamente como ser humano. O critério não pode ser a minha vida, "se eu não estuprar, eu serei morto." Sim, mas só a sua vida não é o limite, não é a regra. É um pedaço. A questão é a sua consciência eterna. Vai ficar igual ao Y citado acima. Portanto, sempre há escolha, sempre há escolha.

Outro dia, em um seriado de TV, numa conversa entre um chefe de campo de concentração e um prisioneiro, eles discutiam sobre uma ordem dada pelo chefe. Este, havia ordenado ao prisioneiro fazer tal coisa. O prisioneiro, seguindo a ordem, executou a ação e, mais tarde, pensando no que havia feito, vislumbrou as consequências daquilo. Eles, então, em um diálogo superinteressante, o prisioneiro disse "eu não tinha escolha, eu não tinha outra alternativa." Sabe o que o chefe do campo

disse a ele? "Sempre existe alternativa."
Portanto, quando Hollywood pode, passa
a mensagem. Um seriado que ninguém dá
a mínima, mas onde há uma conversa me-
tafísica, teológica deste patamar, há sempre
uma escolha.

Em seriados, é bastante comum estas situações limite, em que as pessoas argumen-
tam que "eu não tinha escolha". Não existe
isso, sempre há uma escolha, tem um preço
a pagar. Paga-se o preço, mas não se pode
fazer algo terrível, monstruoso, porque o
débito virá, instantaneamente. E aí, médio
prazo, longo prazo, na eternidade. Pensa-
se que a vida dessas pessoas aí, do médio
e longo prazo da eternidade é uma vida
boa? Quem já teve uma depressão profunda pode ter uma leve ideia do tamanho
do problema. Agora imagine uma depressão profunda no grau máximo em que o
ser humano aguenta pela eternidade, longo
prazo da eternidade. Se pegarmos essa depressão e acrescentarmos mais algumas
questões: problemas mentais, emocionais,
físicos, junte tudo isso num pacote e co-
loque no longo prazo da eternidade, você
verá o tamanho do problema. Portanto,
um dia a Redenção terá que começar, isto

é, a pessoa terá que tomar a decisão de começar a agir para se redimir.

A redenção envolve duas coisas, o trabalhar e o ajudar. Aí arrepia. Quando se ouve a palavra ajudar, as pessoas se arrepiam.

Então, vamos por partes. Ficaremos só no trabalhar para não ficar filosofando demais, "o que será essa coisa do ajudar?" Vamos dividir a redenção em pedaços. Primeira parte, trabalhar. Trabalhar não deveria ter grandes problemas, certo? Se você trabalhar bastante, poderá ficar milionário, poderá ter casa, carros, aviões, barcos etc., e vários iates de 500 milhões de dólares, imagina o tamanho disso, e é o trabalhar. Tudo o que você vê no mundo é trabalhar. Acho que aí já facilita um pouco. Tem umas coisas interessantes que podem acontecer na vida durante o trabalhar. Atravessar a senhorinha no farol vocês podem achar que é chato, mas trabalhar e ficar bilionário não deve ser tão chato. Desta forma o que teriam que fazer? Teriam que se dispor a trabalhar. Só isso, no máximo da capacidade que eles têm, que você já sabe que eles têm muita capacidade, não é? Quantas vezes eu já falei nesses vinte e tantos anos de palestras que eles são extremamente inteligentes etc. É só um fato, tem que se reconhecer.

Vocês veem que a inteligência é um fator extremamente importante, mas não é o único. Se só inteligência fosse suficiente, não estaríamos falando no médio e longo prazo. Só a razão não é suficiente. Pela razão cai na lógica e pela lógica cai nessa situação que eu já citei. Por lógica, "se eu não estuprar, eu sou fuzilado, então é melhor estuprar". Lógica, instinto de sobrevivência, pois é, só que o Universo não funciona por lógica.

Basta que qualquer ser manifeste no seu pensamento que ele está disposto a começar a trabalhar, que logo ele começará. A oportunidade está aberta sempre, eternamente. Pode começar a trabalhar assim que se dispuser, mas precisa ficar claro que deve trabalhar o máximo da capacidade que tiver.

"Se eu tiver uma mecânica com 50 funcionários, eu posso ficar com esses 50 funcionários o resto da vida?" Não, não pode. "Eu já tenho um faturamento de não sei quantos milhões, eu posso ficar com esse faturamento?" Não pode. Tem que aumentar o faturamento, a produção e o número de empregados. "Tem algum limite para esse número de empregados que eu tenho que ter na redenção?" Não, não tem. Tem que criar mais empregos! "Se eu já tiver com 70 anos, eu posso diminuir o ritmo do trabalho para criar faturamento e emprego etc.?" Não, não pode. "Com 80?" Não, não pode. "Com 90?" Não pode. "Com 110?" Não pode. É no máximo da capacidade! Enquanto tiver *chi*, *c h i*, energia vital, ectoplasma, tem que trabalhar, e de muleta, de cadeira de rodas, tem que trabalhar. Até o último suspiro nesta vida e quando acordar continua. Já se recupera rapidamente e continue a trabalhar. Há um monte de coisas que dá para fazer enquanto se espera a próxima vez de voltar para cá e trabalhar. Até o último suspiro, acorda, trabalha, volta para cá, trabalha até o último suspiro, volta, volta, vai e volta, vai e volta, vai e volta, enquanto isso, pode dar uma olhada na conta corrente e ver o saldo como é que está. Quanto mais voltar, se não prejudicar ninguém, o crédito aumenta. Pois se prejudicar, aumenta o débito. Tem que ter um certo cuidado para não aumentar o problema, aí se só trabalha, ajuda, ajuda, ajuda, não é o ajudar da velhinha, *ok*? É o ajudar de gerar empregos, barcos, aviões, carros, dinheiro, crescimento, crescimento.

Essa fase vai durar um certo tempo, claro, depende aí do tamanho do débito. É claro que médio prazo é uma eternidade, imagina, um problema. Longo prazo, nem se fala. Mas quem é que decidiu estuprar mulheres de 8 a 80? E os relatos dizem que pelo menos uma foi estuprada 250 vezes. É por isso que ninguém gosta de ler história. Livro de história está apodrecendo nos sebos, ninguém quer ler uma coisa dessas. Quem quer saber? Está enterrado embaixo do tapete e se alguém ousa levantar, aí ele já é um traidor, é xingado de tudo e o livro nem existe à venda. Se vocês forem procurar, verão a dificuldade que existe em achar este material, mas quem procura acha, portanto existe. Tem que procurar! E isto é apenas um evento na história da humanidade. Já leram o livro *O Grande inquisidor*?

Indispensável, extraordinário, ele é parte de um outro livro, mas esse é, digamos, um capítulo, então tiraram, ficou um pedaço, mas dá para ter uma ideia do tamanho do problema.

De vez em quando, andando pela vida, a gente encontra um caso ou outro de pessoas que participaram dessas coisas no passado e essas pessoas têm problemas, uma lista de problemas de todos os tipos e nesses casos as pessoas já sabem que participaram das atrocidades, por um meio ou outro eles já ficaram sabendo. Já veio para a consciência o que fizeram, pelo menos em parte. E agora têm problemas, problemas, problemas: não faturam e não têm clientes. Mas há dez mil anos atrás arrancavam os coraçõezinhos das criancinhas para fazer sacrifício humano, dez mil anos depois têm problemas para ter clientes, não está barato? Está baratíssimo. 10.000 anos depois de fazer isso têm problemas para ter clientes?

A redenção nem começou ainda, sabe por quê? Porque a pessoa está reclamando que não tem cliente. Quando a redenção começa, é de livre e espontânea vontade. A pessoa decide "eu vou fazer isto para pagar, para redimir." É outra história. Enquanto está reclamando, não começou redenção alguma. Na Redenção não pode ter choro, nem reclamação, nem murmúrio, nada! Tem que ser de livre e de espontânea vontade, alegre e feliz. Tratando bem a todo mundo, aí é a redenção. Não fica preocupado se vai ser até o último suspiro, se é feriado, se é domingo, que dia que é, não tem dia, nem feriado, nem noite, nem nada, é redenção. Ano após ano, após ano, após ano e quando acordar do outro lado, começa tudo de novo do outro lado, aí se prepara o retorno para cá e tudo de novo. Se acontece desta maneira, isto é uma Redenção que está dando certo. Cabeça, tronco e membros? Tem braço, tem perna, tudo funcionando? Está na Redenção. Para se ter uma ideia da benevolência divina, já chegou aqui para redenção cheio de dedinhos, bracinho, mãozinha, pezinho.

A Redenção é algo que mais cedo ou mais tarde, todos terão que fazer, nem que seja só na fechada de trânsito. "Fechei o carro do outro, xinguei o sujeito", nem que seja só disto, "fiz isso umas mil vezes, cinco mil vezes", criou débito, vai ter que ter Redenção das fechadas de trânsito. Quando a consciência expande, ganha-se complexidade, o ser chega a esta conclusão sozinho, sem ninguém ter que falar nada para ele. A consciência funciona sozinha, sem parar, tiquetaqueando, à medida que expandiu, expandiu, expandiu, as questões desse tipo vem à tona de qualquer maneira. Ninguém precisa falar para a pessoa que agora terá que fazer a Redenção. Quando se chega nesse estágio em que a pessoa tem consciência do que fez, ela faz qualquer coisa para resolver a pendência e qualquer coisa é barato.

Quando estamos falando que vai trabalhar sem parar até o último suspiro e pode ter gente achando um absurdo, "que coisa horrível" e etc., aquele que já está pronto, esse não tem nenhum questionamento. Faz isso de livre e espontânea vontade, alegremente e ajudando todo mundo, sem reclamar, sem chorar. Isto, quando está pronto. Enquanto não está pronto, é lógico que acha isso uma abominação, mas um dia, mais cedo ou mais tarde, o ser chegará no estágio de consciência. Ele pode ficar preso antes disso, por um bom tempo pensando, urrando, xingando até que fique pronto para a redenção. Para isso, é só deixar entrar luz. Entrou luz, a consciência expande, entrou mais luz, expande ainda mais. Quanto mais luz, mais complexidade e mais se vê o fundo do poço, o porão, o que está no inconsciente profundo, onde tudo está armazenado.À medida que isso vem à tona, a pessoa tem que resolver, queira ou não queira. É insuportável não resolver. A pessoa avalia, avalia, avalia, tenta fugir de um lado, foge de outro, com n coisas, mas, mais cedo ou mais tarde, volta aqui e aí foge e volta, foge e volta, volta. Chega uma hora em que vê que aqui não tem por onde fugir e é insuportável lembrar do que fez.

Lembram que tudo que você emana, volta? Isso é pura lógica. O sofrimento daquela mulher (estuprada) é uma onda, esta onda está associada com quem? Com o sujeito que fez aquilo, essa onda voltará para quem? Para ele, a onda voltará e integrará o ser, e aí vem para consciência a dor que ela teve, a destruição que teve na vida, a destruição mental e emocional.

Quem está no astral vê exatamente isso que eu estou dizendo, os que estão aqui desse lado podem achar que é uma invenção, um exagero, que não é desse jeito. A coisa é mais do que desse jeito, mas longo, médio e o curto prazo já sabem disto. Todos têm plena consciência disto, estão pensando, alguns, que um dia terão que chegar na redenção.

O longo prazo da eternidade não é linear, estável como se fala, não, o longo prazo da eternidade é uma ladeira sem fim, perdendo a forma. "Vou ficar eternamente descendo a ladeira com cinco dedinhos?" Não, porque esse formato foi fruto de n tempos e o subindo no formato, filogenético. Levou muito tempo para ter os cinco dedinhos e do mesmo jeito que levou, volta e aí os dedinhos somem, gradativamente, cabeça tronco e membros também somem gradativamente, e vai descendo. Não é algo que dá para empurrar com a barriga, "ah, eternidade é grande, então vamos empurrar", não, porque não vai funcionar. À medida que empurrar, a ladeira desce e os formatos desaparecem, é a evolução, nada mais natural que aconteça isso.

A evolução levou milhões de anos para chegar nesse formato e se parar, volta. Sem castigo, mera contabilidade. Justiça cósmica. Crédito/débito. Simples. Quem é o responsável por chegar nesta situação? Cada ser é responsável.

Vamos supor, começam a argumentar, "aí eu era a leoa e o outro era a zebra, eu matei a zebra". Está tudo certo, faz parte da evolução e do equilíbrio universal.

Cada um tem uma função, está tudo certo, tanto para a zebra, quanto para a leoa, para cada um, para a rosa, para o vaso, está tudo certo. O Todo fez tudo certo. Até aí, está tudo *ok*. É claro, há leoas e leoas, zebras e zebras, águias e águias. Tire uma foto e olhe nos olhos, você verá, que cada um tem uma personalidade diferente, mas vamos dar um desconto. Pode ser que a leoa, que já gruda na jugular e quebra o pescoço e há uma outra que pode demorar mais para quebrar o pescoço da zebra, poderia quebrar logo, mas ainda tem um grau de consciência pequeno, então damos um desconto.

E depois que se tornou humana? Autoconsciência de humano. Aí não tem mais essa desculpa, infelizmente. "Ah, eu era de um povo bárbaro", não, é consciência. O sentimento é inato, em cada ser. É escolha individual. Não adianta falar que era cultural, que era o entorno, não adianta arrumar esse tipo de desculpa. Foi uma escolha individual, não tem outro jeito, portanto, foram muitas destas escolhas para chegar onde chegou ou parou na primeira vez, "ai, era um povo bárbaro e eu não sabia o que estava fazendo..." Isso foi uma vez, mas o problema é que isso são centenas, milhares de vezes a perder de vista. Uma encarnação após a outra, após a outra, após a outra, após a outra. Desta forma, não há desculpa, "eu não sabia o que estava fazendo." Depois que se tornou autoconsciente humano, neste planeta, foi uma escolha e polarizou, e outra vez e outra vez e outra vez. Então, mais cedo ou mais tarde, a Redenção terá que começar.

Em um planeta como este, existem inúmeras possibilidades de Redenção. Aqui tem tudo por fazer, então escolhe uma profissão, um negócio, um empreendimento, escolhe e se põe a trabalhar, dentro das regras do jogo terrestre. Não precisa inventar nada, trabalhar. Só isso tirará um enorme débito, trabalhar e crescer. Mas vocês que assistem a esses vídeos e leem os livros, já estão cansados de saber que existe um negócio chamado auto sabotagem.

Assim que o negócio vai bem, passam a ter problemas, assim que estão ganhando mais, começam a perder, assim paralisam tudo e assim por diante. Vai e cai, sobe, cai, sobe, cai, sobe, cai, não passa desse patamar, ficam aqui a vida inteira fazendo sobe e desce, sobe e desce, e não passam deste ponto. Qual é o problema? Tem que passar! Neste estágio estão numa zona de conforto. E acima disso, é um lugar desconhecido. O desconhecido é desconfortável, nunca se faz a mesma coisa.

Vamos a um exemplo. Vendeu 500 cafezinhos num dia, no dia seguinte 600, no outro dia 900, + café, + funcionários, mais de tudo. E o povo na frente da sua loja, no shopping, pedindo café e lanche. Vocês já viram como é quando se tem sucesso, certo? Mais, mais, mais, outro café, esse não dá mais conta, mantém desse jeito, no limite de tudo e abre outro café, lotou, o outro café, abre o outro café e outro, e outro, e outro. Uma indústria, a mesma coisa. 5.000 funcionários, 10 mil funcionários, mais, aumentar a produção, gerar empregos, gerar empregos. "Posso deixar o dinheiro parado?" Não pode. Gerar empregos, dia e noite gerando empregos. "E se eu for escritor?" Sem problema, escrever dia e noite, outro livro, outro livro, outro livro, pilhas, pilhas e pilhas. Um escritor, uma pilha desse tamanho, escreve, escreve e lança outro livro e outro e outro e outro, até o último suspiro. "E se eu for cantor?" Ótimo, cantar é maravilhoso.

Alegria para todo o mundo, música embeleza a vida. O que seria do Universo se não fosse a música? Teria algo errado? Quem disse? Nietzsche, então fazer música, cantar, cantar, turnês, canta, canta, canta. Enquanto tiver corda vocal, canta, enquanto tiver, toca. Qualquer profissão. Pode subir no Himalaia, ótimo. Sobe no Himalaia leva um povo junto, vira *gee*, sobe de novo, sobe de novo, "aí eu estou ficando congelado", paciência, põe mais roupa, sobe, leva tubo de oxigênio, subir de novo, "não aguento mais aquela montanha", uma menor, não tem problema, continua, continua subindo a montanha.

Pode-se escolher qualquer atividade. Chegou aqui, escolhe, verifica qual vocação que tem, o que gosta de fazer. Ainda tem isso, vai fazer o que gosta de fazer, sem parar, o que gosta, não tem problema, mas fazer, fazer, gerar, produzir, emprego, todo mundo crescendo. Já imaginaram todo mundo na Redenção, o que seria? Num instante resolvido.

Há uma forma anexa a esta que, num segundo resolveria. Procurar a Árvore da Vida. Duas árvores do conhecimento. Você já tem e deu no que deu. Árvore do conhecimento, sem árvore da vida não resolveu. Razão. Se chegar na árvore da vida, tudo isto seria resolvido rapidamente, em tempos eternos. Não está considerando que tem a eternidade, que eu posso ficar lá no médio e longo prazo pela eternidade, usando a eternidade? Quando virar para a Redenção também será no devido tempo, mas pela árvore, rapidamente teria solução. Pois é. Mas e a árvore? A árvore está lá no jardim e mais o rio, e tem um lago também, mas isso é outra história.

Para chegar na árvore tem que ir na terceira árvore, como já foi explicado, a terceira árvore, aí sua consciência expande e consegue-se chegar na Árvore da Vida. Chegou na terceira, você chega, volta na segunda, mas para chegar na terceira tem que seguir o caminho do Buda. Ele descobriu a terceira árvore, portanto quando ele chegou na terceira, chegou na segunda automaticamente.

Há também outra fórmula "buscar primeiro o reino dos céus e tudo mais vos será acrescentado", isto é, a árvore da vida, esse "tudo o mais vos será acrescentado" é uma definição da Árvore da Vida, mas Buscai primeiro. E como é esse Buscai primeiro? A

Redenção. Redenção = Buscai primeiro o reino dos céus. Como que é esse reino dos céus? Todo mundo se ajuda. A coisa mais simples que tem. Todo mundo se ajuda. Mais simples, mais fácil e melhor do que isso não existe. Mas há um problema com essa palavra, o ajudar, então vamos deixá--la de lado, por enquanto, vamos ficar, por agora, com o trabalhar. O buscai primeiro também é trabalhar, então trabalhar, trabalhar, redenção e trabalhar, trabalhar e trabalhar, fazendo o que gosta, como vai reclamar? Está fazendo o que gosta, pois é, mas só quando se trabalha, cresce, e quanto mais cresce, mais tem que trabalhar. É o único caminho. Crescer, crescer e crescer, não tem outro, "mas para que eu quero descer!..., pare o planeta, que eu quero descer." O planeta não para, e não tem para onde descer. "Ué, mas não tem um monte de planetas no Universo?" Tem, um monte. Pois é, mas só tem um monte para quem já passou pela redenção, foi diplomado, aí sim, vai para um outro planeta. Para quem ainda não passou pela redenção, aí tem uns planetas mais complicados.

Vocês que já conhecem a história? Tem uma ideia do quanto a coisa pode ficar complicada num planeta mais primitivo, que está começando e se considera que o formato de lá não é o mesmo do formato daqui? Então, o melhor lugar para fazer Redenção é aqui. Por mais fora da zona de conforto que possa parecer, o melhor lugar para fazer Redenção é aqui. Uma sugestão: aqui ainda é o melhor lugar!Sem Redenção, esquece, impossível pôr frequência. A frequência daqui só fica aqui, a frequência de lá, só fica lá. Não tem como trocar a rádio na sua estação, não tem como, infelizmente, não tem. A sua frequência é aqui e nem chega lá, e se chega lá por um acidente de percurso, o povo manda de volta imediatamente. Já imaginou chegar a um planeta que trabalha, trabalha, trabalha, surge um que quer o descanso, descanso, descanso, não fazer nada. Em um lugar, onde só se trabalha e estuda. Se chegar um do descanso, ele dá uma olhada e vê a situação, sabe o que ele vai falar? Sabe o que ele vai perguntar? "Isso aqui é o inferno?" É engraçado, se não fosse trágico, "isso aqui é um inferno". Claro, porque quem não quer fazer nada e chega a um lugar, onde se trabalha, trabalha, trabalha, será infernal. É o que alguns pensam sobre a redenção, que é um negócio infernal, por incrível que pareça. O deles não é infernal, o da Redenção é infernal, porque vai trabalhar no que gosta de fazer. Reclama para vocês verem o quanto que o estado de consciência pode ser torcido pelo ser que quer deformar o significado da realidade.

Cada um criou a sua realidade de acordo com o que pensaram e fizeram. A vida de cada um ficou exatamente o que está na consciência do ser, sem tirar nem pôr. Então eles acham que a realidade é aquilo que eles estão vivenciando. Não caiu a ficha de que a realidade última é algo enorme e eles criaram uma realidade ínfima em volta deles. Essa vida que eles têm é a realidade que criaram e que acreditam piamente. É como diz o filme, O Deserto do Real . Isso é o que eles criaram. A realidade última só observa todas essas coisinhas individuais que foram feitas, que gera esse deserto do real, mas eles têm livre arbítrio, então só se observam. Na medida em que a *calcinatio* aparece na vida deles, eles começam a questionar algumas coisas. *Calcinatio* é um negócio de quem não quer evoluir, não quer ajudar o Todo, não quer contribuir com o Todo e ficar com o Todo. Aí tem a *calcinatio*, inevitável, mas não é castigo.

Se o sujeito escolhe polarizar nele mesmo a energia negativa, ele atrairá essa situação, mais cedo ou mais tarde. Ponto. Foi ele que fez isso. *Calcinatio* não tem nada a ver com castigo, faz parte da vida dos do contra, do mesmo jeito que *solutio*, que é o amor, faz parte daqueles que escolheram ajudar, contribuir, colaborar, harmonizar e pacificar. São escolhas e essas escolhas continuam sendo feitas dia após dia, minuto após minuto.

Nesse preciso momento bilhões estão fazendo escolhas, escolhas e escolhas, que terão consequências amanhã, depois de amanhã, daqui a um mês, um ano, livremente fizeram escolhas. Dentro de cada um está o conhecimento do bem e do mal. Então não tem como dizer "eu não sabia". Sabe, basta parar e pensar, analisar, "tem alguma outra alternativa?" Não, não tem.

Quanto mais se recusa a fazer, a iniciar a redenção, mais se atrasa o próprio desenvolvimento. Nós estamos falando de seres que têm uma enorme redenção pela frente. Há um enorme número de seres, para os quais a Redenção é menor, são coisas comuns e banais. Essas pessoas poderiam fazer a redenção sem maiores dramas, nem tragédias, sem maiores problemas, bastando crescer em todas as áreas, expandindo--se em todas elas. Tirando os megaproblemas, os normais, digamos assim. E por que não estão fazendo a redenção?

Pessoas com débitos pequenos poderiam fazer isso tranquilamente, e como o número dessas pessoas é grande, tudo mudaria rapidamente. Se elas iniciassem a redenção, "eu vou, eu vou me redimir, eu vou", começassem a trabalhar, não teriam problemas com o ajudar, estudar, ajudar, trabalhar, ajudar. Num instante, tudo mudaria. Essas pessoas formam uma massa crítica, elas mudariam praticamente tudo se escolhessem chegar na Árvore da Vida eterna, que é o crescimento, alegria pela vida eterna, evolução etc. O fruto desta árvore é isso, crescimento, evolução, ajudar, alegria, tudo de bom que existe, bastando fazer escolhas. "Buscai primeiro o reino dos céus e tudo mais vos será acrescentado", só isso. Fazer o máximo aqui agora, não sabotar, não parar o próprio crescimento quando as coisas começarem a ir bem, fazer tudo que é possível para resolver essas questões internas de auto sabotagem e todos os meios que já existem para isso ser feito, n meios. Só precisam escolher fazer, "eu vou fazer a minha Redenção".

É perfeitamente possível fazer a Redenção com alegria, paz, harmonia, amor, crescimento etc., etc., etc. Quanto mais faz, mais recebe, aí mais faz, mais recebe, aí mais faz, mais recebe.

Tudo isto está à disposição de todos o tempo todo, portanto é puramente uma questão de escolha. Nossas escolhas continuam sendo feitas. Só para pensar: quantas pessoas hoje na face da terra seguem o que Lao Tse ensinou? São as escolhas.

Para que fique claro o que foi explicado acima, faremos um detalhamento, para que não haja nenhuma dúvida sobre o que está sendo transmitido.

Primeira coisa a considerar é quem assiste aos vídeos, as palestras e lê os livros. São vários públicos. Uma parte é para o umbral, para os negativos que estão no umbral ou nas cavernas infernais. A outra parte é para os terrestres encarnados que estão aqui no planeta, nessa sociedade e a terceira parte é para as colônias de luz, que estão no astral. Mas isso já dá para entender quando eu me refiro às três partes. E se isso não ficou claro, agora a gente esclarece, é para um, para o outro e para o outro.

Acima falei muito para os negativos do umbral, aqueles que eu falei médio e longo prazo da eternidade que são os extremamente resistentes. A maioria de toda aquela primeira parte foi para eles, para que eles saibam que há uma alternativa, embora sejam extremamente resistentes e reincidentes. Eles não reconhecem que erraram, não têm arrependimento, acham que estão absolutamente certos. Seria assim "eu estuprei, então eu estupro de novo, porque eu acho que estou certo", "eu posso, eu faço", é o lema deles, "eu posso, eu faço", "eu só não faço, se eu não puder, mas se eu puder e a oportunidade surgir, eu farei." Há *n* situações, genocídios, assassinatos em massa, *serial killer*, estupros de guerra e não guerra. Se for detalhar o lado deles, vai longe. Há os livros que contam estas histórias, só um deles compõe-se de mil páginas. Assim, são extremamente resistentes a qualquer mudança, e é por isso que foi falado que Redenção é a oportunidade. Um dia por mais longe que seja, terá que haver.

É evidente que falar para três públicos tão diferentes é algo difícil, porque pode gerar esse mal-entendido do que está sendo dito. É preciso ter discernimento para qual grupo eu estou falando. Eu não posso falar aqui no planeta, encarnado, da maneira que eu falaria diretamente com eles, é claro.

Quando a palestra é no umbral, a história é diferente, a conversa é diferente, tudo é diferente, mas é impossível gravar e distribuir uma palestra dada nas cavernas infernais, impossível. Da mesma forma que é impossível uma palestra dada nas colônias, só de luz. Cada situação é completamente diferente da outra.

Tem que ser feita a expansão da consciência dos encarnados aqui, mas os negativos interferem em tudo, assim não tem como ignorar a existência dos negativos e a atuação deles para saber quando é, digamos normal. Por exemplo: furou o pneu do carro, porque tinha um prego na rua e alguém foi lá e furou o pneu do carro, propositalmente. É preciso saber separar o que é uma coisa da outra coisa, senão nós cairemos na situação que ficou depois que veio essa racionalização toda do Descartes, como se não existisse o lado dos negativos. Ficou muito fácil para eles. O maior golpe que eles fizeram foi dizer que eles não existiam, usando de toda esta racionalização.

Na Idade Média era o outro extremo. Tudo era culpa das bruxas, das feiticeiras. Quem trabalhava com fitoterapia, fazia uma cura usando uma planta, já era considerada uma feiticeira, que tinha que ser queimada. Daquele extremo total, caímos no outro extremo que é, não existe nada sobrenatural, não existe nada espiritual, nem dimensões, só existe o mundo da matéria.

Enquanto na Idade Média havia uma ligação direta do mundo físico com o mundo espiritual, a solução foi matar todo mundo que acreditava nisso. Os que não acreditavam, "não, não existe feiticeira", esse também era suspeito e morto. Assim na idade média, se falasse que não existia nada espiritual, nem feitiço, você estava a favor dos feiticeiros, morreria se fizesse fitoterapia.

Havia um entendimento de que era uma conexão mente, espírito e corpo. Daí veio Descartes e falou que não existia conexão nenhuma. O corpo seria uma coisa, a mente outra e o espírito uma outra. Quando se separou o corpo da mente, caímos no racionalismo e no materialismo. Aí parou a caça às bruxas. Quando Descartes falou "nada está conectado, matéria é matéria, não tem conexão nenhuma com o lado mental, espiritual", acabou a caça.

Enquanto havia o entendimento de que havia uma ligação espiritual com a matéria, caçava-se quem se quisesse, acreditava-se que estava junto. Veio Descartes e disse "está tudo separado", aí todo mundo praticamente passou a acreditar que está tudo separado, portanto no feitiço não existe magia negra, não existe, então não precisa mais matar ninguém, pronto, parou a caça às bruxas. Na mesma época, pouquíssima diferença de data, que coincidência! Na hora que falou "está separado", bom aí esquece, porém, na mesma época em que parou a caça às bruxas, apareceram Max Planck, Schroedinger e Heisenberg falando da mecânica quântica e que tudo está ligado.

Aquela solução que havia sido encontrada por Descartes, que foi, o castelinho desabou e aí, o que faz? Então nós estamos agora nessa situação. Volta a caça às bruxas de 1200, 1300, 1400, 1500, 1600, 1700, 1800 até 1908, volta isso? Ou como é que faz? Porque a mecânica quântica provou que tudo está ligado, é o emaranhamento quântico, tudo está interligado. O Einstein dizia que não podia ter o efeito à distância, mas ele estava errado, o efeito à distância existe. Agora nós estamos no meio do jogo, no meio tempo, 15 minutos em que não se sabe o que fazer, e é por esta razão que a mecânica quântica é rejeitada por praticamente todo mundo. Ela só é usada para fins técnicos, *wi-fi*, bomba, e para toda a parafernália eletrônica. Não tem problema se for para esse fim, pode usar, pode usar a mecânica quântica, aplicam-se todas as leis da mecânica quântica, mas o povo não pode saber que a mecânica quântica é o fundamento de toda esta sociedade, de toda esta civilização tecnológica. Provou-se que corpo, mente, espírito e dimensões estão interligados. Este é o dilema, nós estamos bem, bem no meio do dilema. Como faz? Volta a matar todo mundo ou dá um salto quântico, evolui e aceita que tudo está interligado, mudando o paradigma. Passa-se a considerar todas as variáveis para a solução de qualquer problema.

No momento atual e neste século o problema está vigente. Vigente desde 1905 quer dizer, já se passaram 100 anos e não acharam solução. Vamos negar que exista mecânica quântica, mas usá-la o tempo todo. Agora nós já estamos no segundo século da mecânica quântica e sem solução, por enquanto. Pelo menos não se caça e não se mata ninguém porque acredita-se na mecânica quântica. Esperamos que continue assim pelos milênios vindouros. Porque se voltarmos ao que se acreditava em 1200, a única solução seria matar todo o mundo que acredita na mecânica quântica. E vai ficar meio complicado. Como é que se faz com os físicos que criaram toda essa parafernália eletrônica que é o fundamento desta civilização? Vai ter que matar todos os físicos que entendem de mecânica quântica e aí o *wi-fi* não funcionará mais, a televisão, a internet, nada eletrônico vai funcionar porque eliminaram todo mundo que conhece mecânica quântica. Essa foi a solução de 1200, 300, 400. Não se sabe o que fazer agora. Fica uma situação muito interessante, porque se eliminar o povo da mecânica quântica, tem que eliminar toda essa parafernália eletrônica que faz esse mundo sobreviver. Se tirassem isso como ficaria? A barbárie total no planeta, extingue a civilização simplesmente se tirar a mecânica quântica do mundo diário de qualquer ser que usa um cartãozinho eletrônico. Bom, este é o dilema que está em andamento. Por enquanto, não se sabe o que fazer, já estamos no segundo século, veremos o que acontece pela frente. Superinteressante esses nossos tempos atuais.

Agora vejam, os negativos umbralinos, resistentes, precisam ter uma oportunidade.

Quando se fala para eles, "olha tem um jeito de resolver essa situação", ajudar, já sabem que quando se fala essa palavra dá de tudo na pessoa, ela surta, então o que fiz? Dividi em partes, vamos falar em trabalhar só para eles. Se vocês trabalharem, trabalharem, trabalharem, o débito começa a diminuir e vai ficar mais fácil de resolver a situação. É claro que eles não querem isso.

Quase a totalidade votou contra o trabalhar, mas tem que se falar, tem que se propor alternativas. Aí os terrestres assistiram que trabalhar é muito bom. Eu tinha dividido em pedaços e aí pegaram só um pedaço e vamos bater nessa tecla, só o trabalhar. Ficou parecendo que a redenção é só pelo trabalhar, trabalhar, ganhar muito dinheiro, gerar muito emprego e pronto. Como eu falei, realmente gerar empregos põe tudo para funcionar, mas ficou parecendo que é só isso, "como eu vou me redimir", ficou parecendo "só vou trabalhar e aí o resto eu esqueço".

Para entendermos melhor, vamos dar mais exemplos do que é redenção e de como se pode fazer a redenção.

Primeiro que redenção só ocorre quando a pessoa já se arrependeu do que fez. Se não se arrependeu tem um outro nome, como falei da outra vez, chama-se *calcinatio*. Alquimia, *calcinatio*. *Calcinatio* são problemas e problemas, problemas e problemas para aquele que não quer saber de Redenção, então ele cai no mundo normal, com os 7 bilhões competindo. Um dado é jogado para cima e a roleta gira, problemas e mais problemas. Não preciso detalhar é só entrar na internet, televisão, jornal, revista e ler. Todos os dias há problemas de todos os tipos que se possa imaginar e continuam, continuam, os estupros continuam, os genocídios, os massacres etc., etc., quer dizer, eles continuam trabalhando. Os que estão lá paralisados, não.

Mas os amigos que estão encarnados continuam na mesma, assim que podem eles fazem, e se eles voltassem, se reencarnassem, eles fariam a mesma coisa de novo e de novo, e de novo. Então, infelizmente, para eles têm que ficar um tempo lá paralisados, porque senão eles destroem o planeta inteiro que é o que eles gostam de fazer. A motivação deles é destruir. Imagina isso. A alegria do ser, a realização pessoal do ser é matar, cortar, estuprar etc., etc., etc., isso é a realização para eles.

Bom, um dia a Redenção terá que começar e não é só pelo trabalho.

Redenção é aquilo que nos tira da zona de conforto. Ponto. O que é zona de conforto? Estou alegre, feliz, bem alimentado, eu durmo bem, eu tenho toda comida que eu preciso, carros, iates, aviões, viagem, tudo, tudo, chama-se zona de conforto. Se está nessa situação não tem Redenção nenhuma. Se o sujeito fez genocídios, estupros, escravidão etc., isto é, ele causou um sofrimento indescritível, qual é a redenção disso? Como que fica a equação? A contabilidade cósmica é o entra, debita, sai e credita. Um deles cometeu 100 estupros, só um exemplo e para compensar isso, precisa

100 do quê? 100 de ajuda, 100, 100 certo? Ajudar, ajudar, ajudar, mas como é que fica o sofrimento? Como fica a psique da mulher que o sujeito destruiu, que eu citei acima? *N* destruídas. Ele vai se redimir na zona de conforto? Não dá, infelizmente, não deveria ter feito isso, portanto é aquela estação de rádio, manda, volta. Manda uma onda, volta na mesma frequência. Senão, você não escutava rádio. O sofrimento que ele causou tem que voltar para ele de qualquer maneira. Tem um versículo que diz: "enquanto não pagar o último centavo, não sai daqui." Pura aritmética. Provocou quanto de sofrimento? 100 kg, agora do lado aqui da Redenção, 100 kg, isso pode ser amenizado e tem maneiras de se administrar isso.

O Todo é benevolente. Imaginou se o Todo fosse cobrar? Desta forma o Todo arruma um jeito certo do sujeito fazer a Redenção, mas Redenção terá que ser desconfortável até o último fio de cabelo, senão não é Redenção. A Redenção é dar a própria vida. Como? Morrendo? Não, não existe morte. É trabalhando, ajudando e estudando, ajuda, ajuda, ajuda, trabalha, ajuda, trabalha e assim vai. Não é trabalhar confortavelmente, nisso não há redenção nenhuma.

A Redenção no trabalho começa quando o sujeito não aguenta mais trabalhar, sabe quando está na exaustão total e não aguenta mais trabalhar? E continua a trabalhar. Nada de descanso, nada de férias, nada, trabalhar, trabalhar. "Tô caindo morto de cansado", não importa, trabalha, continua, quando chegar a hora a gente avisa. A gente tem um jeito de medir quando vai morrer, aí nessa hora para. Toma 15 minutos de descanso e começa de novo, isso chama-se Redenção.

O Universo não é uma brincadeira, não é um circo, não é um oba-oba que se faz o que bem se quiser, se mata, se estupra, se esquarteja. Se permitir a fazer o que quiser, está tudo certo, deixando eles numa boa, eles venceram, certo? E os seres de luz são os otários, como eles pensam. Os otários, os moles, os que não tem força. Pois é, então, eu não queria explicar desta forma, mas já que não entenderam, então vamos detalhar. Dependendo da reação, talvez tenhamos a parte 3 talvez, ou 4, 5, 6, 18, 156. Enquanto eu respirar eu venho aqui e gravo a Redenção 158, até que fique entendido. Vamos ver se detalhando bastante é suficiente.

Voltando, trabalhar é quando não se aguenta mais continuar trabalhando, já gerou empregos que não acabam mais, mais empregos, mais, mais empregos, o lucro reaplica e gera mais empregos, então esse é o povo do trabalhar.

Se o povo do trabalhar é solteiro, vive sozinho, não tem mãe, não tem pai, não tem ninguém então ele pode se dedicar 100% do seu tempo a trabalhar, até ficar morto de cansado, tudo bem, não tem problema.

Agora se o do trabalhar tem mãe, tem pai, tem cônjuge, tem filho, papagaio, cachorro, gato, cunhado, então aí temos um problema, não pode ser só trabalhar, tem que ajudar todas estas pessoas. Tem que arrumar tempo, depois que trabalhou, está morto de cansaço, ajuda a lavar os pratos do jantar, a pôr o jantar na mesa. O cônjuge, ajudando o cônjuge e escutar tudo o que ele tem a dizer, o dia que ele passou, todas as boas coisas, más coisas ou reclamações, por qualquer coisa, escutar com santa paciência, de bom humor, tratando da melhor forma possível, para o cônjuge ficar feliz.

Agora tem filhos. Ótimo, então cuidar

das criancinhas, dar atenção para as criancinhas, ver como é que foi foram na escola, ajudar a fazer a lição, certo? Escutar os problemas dar apoio emocional, mental etc.

Se acabou de nascer, então trocar fralda, lavar, passar etc., etc., tem um, tem dois, tem três, não importa já sabe, quanto mais melhor. A fila de gente que tem para encarnar neste planeta é de bilhões de pessoas. Estão aguardando por uma oportunidade, bilhões na fila, então estamos na dependência dos terrestres colaborarem de boa vontade para que possa nascer mais gente, porque senão estaremos numa situação um tanto complicada em alguns lugares do mundo.

São necessários 2,16 filhos para cada 100 mulheres, isto para que a população fique estável, 2,16, para empatar. Nós temos países pelo mundo com 1,26, 1,48, 1,70, isto é, a população está diminuindo. Com a migração parece que o assunto está equilibrado, mas não, há países em déficit populacional. Agora, há menos 200 mil pessoas vivendo no país, porque não nasce ninguém, praticamente. Você vai a um shopping e não tem criança, anda na rua e não tem criança, não vê criança, só vê adulto. Aqui você passa na porta de uma escola e sai criança sem parar e já estamos com menos também, estamos com menos de 2,16, imagine nos outros lugares com 1,26? O país está acabando, se você põe mais 30, 40 ou 50 anos em cima disso, acabou, aí só tem imigrante. Então você vai ter um país que tem 10% do original, o resto é 90% de imigrantes e aí dá para acreditar que este país continuará sendo igual ao que é hoje? Se não tem mais ninguém da espécie original, da raça daquele país? 90% de estrangeiros e, nesse ponto, os estrangeiros já elegeram todo mundo, os deputados, presidente, já mudaram todas as leis, já mudaram tudo e pronto, pode ser que juridicamente continue sendo o país X, mas de *x* ali não tem mais coisa nenhuma. Este é o probleminha demográfico que existe hoje no mundo, pelo mundo inteiro. Você pode tirar a África e a Ásia, mas no primeiro mundo é esse o problema, o ponto em que está.

Já tem governos fazendo, divulgando, pedindo, promovendo que as pessoas gerem crianças e até agora nada. Bom, mas esse é um problema para as próximas décadas, mas aí já está na pauta para pensarem. Só para ter uma ideia do tamanho disto, o Império Romano teve o mesmo problema e, também deu todo tipo de incentivo para que tivessem filhos e nada, e o que aconteceu com o Império Romano? Acabou. Portanto, o problema é sério. Se houvesse Redenção suficiente, todo mundo teria dois, três pelo menos três porque precisamos de 2,16, então de três para cima, aí a população estabilizaria e voltaria a crescer. Está aí uma excelente Redenção, tomar conta de três crianças. Quatro ou cinco é maravilhoso. Quem tem sabe o trabalho que dá, aí Redenção, aí chama-se Redenção, dar a vida para as crianças, dar vida não só para gerar a criança, mas dar a própria vida, cuidando das crianças, trabalhando para que elas tenham comida, casa etc. Isto é redenção! Bom, mas a vida não é feita só de trabalho, tem pai, mãe, cônjuge.

Tem os pais e as mães que envelhecem. E aí? Já ouviram "eu não posso cuidar, eu não tenho jeito, eu não tenho tempo", aí o outro, "eu também não posso", aí o outro "eu também não posso." E cada um com o seu agrupamento, todo agrupamento fala "aqui não dá, aqui não tem condição, não

dá." O outro "também não, não e não."
Ninguém pode cuidar da mãe e do pai,
porque tem n, n afazeres. Esses n afazeres
são fruto desta civilização, ela está organi-
zada para que tenham n afazeres e aí não
tem espaço para idoso nenhum continuar.
Essa não é a realidade nua e crua? É, não é
politicamente correto levantar um negócio
desse. A gente quer esquecer que exista pai
e mãe velho para cuidar.

Eu não queria fazer esse detalhamento
todo, mas devido à toda repercussão, eu
sou obrigado a fazer, porque me falaram,
"você não detalhou a coisa, eles pensam
que é só trabalhar, trabalhar, trabalhar,
então é preciso explicar, é preciso detalhar", então nós vamos detalhar. N possibilidades de Redenção.

Como é que vai fazer com o pai e a mãe
idosos já meio doentes ou doentes. Lembra
do menino de quatro anos que a mãe ficou
40 anos doente? Pois é. Só para constar,
cada um envelhecerá, então, aquilo que se
planta, se colhe.

Quando se alerta uma pessoa específica,
"olha, olha, presta bem atenção que este
exemplo frutificará nos filhos, da mesma
maneira que você não quer ajudar, eles

estão prestando atenção e quando chegar a vez deles, isto é, a sua vez de ficar idosa e aí depender deles para cuidar, aí você verá o problema que plantou porque deu o exemplo." E sabe o que acontece na vida matematicamente? Bingo. Todos envelhecemos, portanto, iremos depender de alguém e colheremos o que foi plantado. "Não quero saber de pai, de mãe, de velho, nada", *ok*. 20 Anos 30, 40, 50, 60 o rio da vida flui, 70, 80. Não vou nem fazer uma lista das doenças da velhice que poderiam acontecer, ficar inválido, dependente dos descendentes para cuidarem de você. Eu já sei como é que funciona. Pega e põe em algum lugar, pronto, é a solução mais fácil, mas esta não é uma solução de uma civilização humana. Isso é uma solução de civilização de máquina, "o motor não tá funcionando, joga fora, bota outro motor. Quebrou o computador, joga fora outro computador" e assim por diante. Descartável, tudo, tudo descartável. Só que aqui no mundo espiritual não existe descartável. Este é o problema dos negativos. Perceberam? Eles não são descartáveis, eles não entendem este tipo de raciocínio, eles não são descartáveis, porque seria a coisa mais banal do mundo descartá-los. Descartá-los, imagina, está descartado, deixou de existir, não precisa nem fazer isso que é só metafórico, deixou de existir, um, dois, pronto, 50 milhões, 100 milhões, 1 bilhão deles, irrelevante. Pois é, mas só que o Todo não descarta, então a questão está criada e eles não serão descartados, podem passar meia eternidade, uma eternidade, podem passar... não tem problema, o Todo ficará esperando, o Todo tem paciência. Então ele vai esperar, espera, até que chega um dia que eles comecem a raciocinar e verão que não tem saída para o lado de lá, então, bom aí é só um pensamento, eles entram no programa de Redenção. E aí você vê a forma mais fácil para eles.

Torturadores não existem do lado da Luz, eles só existem do lado deles. Do lado da Luz só há compaixão, então quando eles vierem, vai se olhar compassivamente qual a situação do indivíduo, o *currículo vitae* dele e ver o que podemos fazer, amigo. Agora tal função, tal lugar, tal situação, tal família, tal isso, tá *OK*? Está bom para você já começar assim? Está? Então está bom. Só que este acordo já é da Redenção e este acordo possui cláusulas que nós estamos comentando. Cuidar do pai, cuidar da mãe, cuidar dos filhos, ajudar. E os órfãos? E os idosos que estão aí jogados? Que não tem para onde ir, precisam de ajuda, não podem ser descartados. Como é que vai fazer? Lembra que a regra é no máximo da capacidade econômica, financeira, mental, emocional, física, no máximo da capacidade? Então, se ainda está sobrando alguma coisa, há uns órfãos precisando de ajuda, há uns idosos precisando de ajuda. Depois que trabalhou, cuidou do cônjuge, cuidou do pai, da mãe, cuidou dos filhos, sobrou alguma coisa? Tem órfão para cuidar? Não sobrou? Ótimo! Está tudo bem, sem problema, 100% é 100% não é 99%, 100% é 100, então você gastou o 100, sem problema, mas se tiver sobrando alguma coisa, tem ainda um monte de coisas que dá para fazer pelo mundo, tem umas plantinhas, tem os animais, tem a natureza, a destruição da biosfera, tem um monte de coisas para se fazer, para ajudar a recuperar.

Infinitas possibilidades de Redenção, então considerando tudo isso, não tem como falar que "já estou fazendo a redenção", isso contaria nos dedos, isso são aquelas pessoas que libertam países, que acabam com o *apartheid*, avatares que mudam um planeta, os que sonham com as mudanças raciais. Esses são os que estão dando os 100% e se deram 100% vocês viram o que acontece com eles certo? Se deu o 100% e isto ficou público, o problema aparece. Por quê? Porque é insuportável conviver com um vivo que dá 100%, é por isso que eles são eliminados da vida física. Por que é insuportável conviver com um ser que está dando 100%? Aquilo provoca uma conscientização tamanha nos demais. Para o ego dos demais é insuportável e é por isso que logo se ajeita a forma deles saírem do planeta, seja queimado, seja crucificado, sejam três tiros, *n* maneiras, mas "sai daqui, que é insuportável." Como que a pessoa consegue fazer isso e nós na zona de conforto? Percebem? Para o ego é insuportável aquele que trabalha.

Já aconteceu com vocês de chegarem numa empresa, começar a trabalhar no primeiro dia, chega e trabalha, e lá pelas três horas da tarde os colegas mais próximos chegarem para você e falarem assim "olha é o seguinte: ou você maneira ou você não vai ficar aqui. Diminui o quanto está trabalhando ou aqui não fica"? É assim. Às vezes até o próprio chefe do novo funcionário ao ver isto chega para ele e fala "maneira, maneira, calma". Se um trabalhar, ele forçará todos a trabalharem e isso para o ego é um problema horripilante. O trabalho só deve existir dentro da zona de conforto e é por isso que não pode vender 600 cafezinhos, tem que vender 500 cafezinhos. E como vai ter crescimento se só pode vender os 500? Se chegar mais gente na lanchonete, o povo já começa a ter urticária, porque aumentou o número de pedidos para fazer lanche, café etc. É isso. Dá para fazer Redenção num balcão de um bar? Dá, o balconista que está servindo cafezinho, fazendo lanche, qualquer coisa, tem um excelente entorno para fazer Redenção. Atende todo mundo bem, aí vem mais gente, atende os que vieram bem do mesmo jeito, aí vem mais gente. Não é problema dele, é do dono do bar. Deixa vir gente. Problema dele é atender bem. Isso chama-se Redenção. Ele não tá aguentando ficar em pé? Redenção.

No dia em que isto for entendido neste planeta, no mesmo dia acabarão todas as guerras, todos os assaltos, todos os assassinatos, etc. No dia em que for entendido...

Se eu plantar, eu colho, inevitavelmente. E aí eu terei que trabalhar, trabalhar, trabalhar, ajudar o cônjuge, ajudar o pai e a mãe, ajudar os filhos, levar o cachorro para passear e assim por diante. Infinitas possibilidades de Redenção!Já sei, Redenção não tem voto nenhum, explicado isso quem quer entrar na fila da Redenção? Vamos contar nos dedos, os dos bilhões. Por quem quer doar a vida, dar a vida? O ego abomina isso, e isso é o que se chama evolução, unificação, iluminação. Todas essas terminologias espirituais são exatamente isto. Redenção. O que faz o sujeito quando ilumina-se, está Iluminado? O que ele faz? Ele vai embora? Não, ele continua aqui ajudando. Enquanto o último não estiver salvo não vai embora, esse é o Buda. Está iluminado e continua aqui trabalhando e encarna novamente. Pode ficar quantos anos forem, séculos, milénios indo e voltando das colônias de Luz, vai, fica um tempo, volta, vive aqui um pouco tempo, vai lá, volta, vai e volta, vai e volta, vai e volta, pode fazer a viagem quanto quiser.

Um dia terá que começar a Redenção, então quanto menos débito criar, melhor, porque pagará até o último centavo.

Assistiram ao filme Ressurreição? É recente. O Centurião Romano. Na última cena do filme temos o anel do centurião. O que ele faz na última cena do filme? Quando ele já está um bagaço, solta o anel. O anel que significava todo poder de Roma. Imagina o que significava isso naquela época. Usar aquele anel naquela época, ele solta, quando ele solta, a partir dali ele é o quê? Nada, nada, nada porque ou você, naquela época, é um cidadão Romano ou você é nada. Então, imagine a vida dele a partir dali e isso ele entendeu. A história foi, foi, foi, até que só sobrou o anel e aí ele entendeu que tinha que soltar tudo. E isso é um símbolo de dar a vida, doar a vida.

Se Lao Tse tivesse falado do jeito que é falado aqui, nada do que ele falou teria chegado até nós. Ele foi extremamente inteligente em escrever daquela maneira que ninguém entendeu. Por isso, que todo aquele ensinamento chegou até nós e continua entre nós porque praticamente ninguém entendeu o que Lao Tse falou até hoje. Só por isso. Você só encontra um livro sobre taoísmo em uma livraria porque não entenderam o que ele falou, senão todos os livros já teriam sido destruídos. Não entenderam porque está bem codificado, níveis de entendimento. Nível um, dois, três, quatro, cinco, seis, sete.

Você já percebeu que quando assiste a um vídeo, você entendeu uma coisa, se assistir pela segunda vez, entenderá outra e se assistir pela terceira, entenderá uma outra e na quarta, quinta e tem gente que assiste 10 vezes aos meus vídeos. Cada vez que assiste, um nível de entendimento mais profundo e isso porque eu estou falando claramente sobre qualquer assunto que esteja sendo gravado. Imagine Lao Tse que escreveu codificado, por isso que ele falou, o Tao não dá para entender, só sentir, então foi perfeito porque pelo entendimento ninguém vai entender o que é o Tao, só sentindo e aí aquele que sentiu normalmente o que ele faz? Fica quieto. Ele sabe que se ele chegar na empresa e começar a falar do Lao Tse e do taoísmo e explicar, o emprego dele acabou, ele vira louco, "está louco o cara", tanto quanto falar de mecânica quântica. Por isso que temos toda esta literatura Taoísta à disposição, porque ninguém entendeu.

Uma meia dúzia de pessoas conseguiu captar a mensagem e escreveu sobre o seu entendimento, por isso existem poucos autores de Taoísmo. Certo tempo depois aparece mais um, um outro entende, um outro aqui, um outro acolá, a coisa vai bem lenta. Vocês já sabem qual é a reação quando se fala soltar? Vocês sabem? Estão convivendo, quem está assistindo a tudo isso há anos e anos e anos sabe qual é a reação? Fala solta, o que a pessoa fala? "Não entendo o que é soltar", isso depois de horas, horas e horas de explicação sobre o que é soltar? Um só autor sobre taoísmo deve ter uns 50 livros à venda em português, um, com mais de 50, imagine? Dissecou todo o assunto e é extremamente inteligente, portanto não falta material para entender o que o Lao Tse fez, mas tem que sentir e sentir é soltar! E aí, aquele que solta não tem problema nenhum de fazer Redenção, porque é a mesma coisa.

A redenção é soltar. Só faz Redenção se soltar o mundo, isto é, soltar o ego, soltar os seus interesses particulares, lembra quantas vezes já falei disso? Soltar os interesses particulares. Cheguei em casa, quero ver televisão, é o seu interesse particular, tem uma pia de pratos para lavar, solta a televisão, lavar prato. "Ai, é insuportável viver desse jeito", fazer o quê? Sinto muito, paciência. Um dia a Redenção tem que começar, pode-se empurrar essa coisa o quanto for, não tem problema, mas um dia...

Precisa ficar claríssimo que a Redenção é algo fora da zona de conforto, então se a pessoa fala "eu já estou cuidando de pai e mãe", tudo bem, e do cônjuge e dos filhos? Essa é a questão, não é uma coisa "eu estou fazendo isto, portanto eu já estou na redenção", não, não está, não está porque ainda está sobrando energia, ainda está sobrando. Tem mais gente para ajudar e tem as senhorinhas para atravessar o farol, no fim de semana, os asilos, os orfanatos. Ou os refugiados que estão na ordem do dia agora. Lembram que há alguns anos atrás, numa palestra, eu falei "e quando chegarem os refugiados, qual será a nossa reação"? Anos atrás eu falei, uns quatro, cinco anos atrás, quando não existia problema algum, agora temos n, n, e mais n e mais n e vai chegar mais n.

Se um número grande de pessoas resolvesse fazer a Redenção ao mesmo tempo, tudo isto seria resolvido no devido tempo, e facilmente. Todos os problemas têm solução, mas só se as pessoas quiserem fazer a redenção. "Eu vou ajudar para compensar o que eu causei de dano no passado, então eu vou ajudar, eu vou trabalhar", certo? "Eu vou voltar, vou gerar empregos, vou trabalhar no meu emprego, *Ok*?" Não é para ninguém sair do emprego e virar empresário para gerar empregos. Não, onde você está, é ali que está a Redenção, onde está, não é para ninguém largar os escritórios, nem largar qualquer que seja, o emprego é onde está. Um, já é empresário, ótimo, é aí trabalha na empresa, ótimo, o outro está no campo, ótimo, o outro... não importa, qualquer que seja a profissão, qualquer que seja a situação, em qualquer lugar do mundo, é ali que está a Redenção, "pode trocar de emprego?" Pode trocar de emprego, não tem problema, no novo emprego continua a Redenção. "Posso virar empresário?" Pode virar empresário, quando virar empresário, continua a Redenção, aí aumentou a responsabilidade, porque agora tem que gerar empregos. "Posso trabalhar só em casa e fazer Redenção?" Pode. Em qualquer situação pode fazer Redenção. Não tem que mudar nada, não tem que mudar de país, não tem que mudar coisa nenhuma, onde está é trabalhar, ajudar, estudar, no máximo da capacidade. Paciência.

Agora quem já entendeu isso, não tem problema nenhum. Quem já entendeu que tem que fazer a própria Redenção não tem problema nenhum com isso, vai e faz alegremente e mais, mais, mais, mais. Vocês viram algum desses que eu citei que libertam países, que muda o *apartheid*, chorar, reclamar, ficar reclamando, murmurado, "ó céus, ó vida", viram isso? Nunca, nunca. Eles perguntam, "que mais tem para fazer? Vamos fazer. Que mais? Vamos fazer", incansavelmente, e quando sai daqui e acorda, no minuto seguinte já pergunta, "o que nós temos para fazer?" Já começa a trabalhar no dia que acorda, morre, acorda no hospital, no astral e já vai ver o que tem para fazer, quer ajudar. Eles são assim, é assim que acontece. E isso é Redenção desse lado, do outro lado, volta para cá, vai e volta, vai e volta, vai e volta, a Redenção continua. E quando acabar a Redenção, aí volta para ajudar.

Ou vai para outro planeta ajudar. Tem n lugares para ir, todos com excelentes oportunidades para ajudar. Planetas bárbaros, no início da evolução, precisam de uma civilização, e também de civilidade, então tem que ir para lá alguém que começa a falar, "não, não gente, estuprar não, não, isso é ruim, é mau, não pode fazer isso." É claro que quando chegar lá e falar "não pode estuprar", pronto está morto, aí vai de novo, nasce de novo, nasce de novo, nasce de novo.

Uma coisa que os negativos não entenderam é que nasce de novo, então eles eliminam o sujeito que vem para libertar um povo, acabar com a escravidão, aí ele é morto, resolvido o problema dos negativos? Não, ele vai nascer de novo, ele nasce de novo e faz tudo de novo, mata o cara de novo, aí ele nasce de novo, até que resolve o problema, portanto matar quem está ajudando não adianta nada, porque ele volta, volta, volta, volta *ad* infinito.

Uma coisa que o povo de Luz tem é paciência, a de Jó. O tempo é eterno. Que diferença faz 100 anos, 50, mil, milhão de anos, tudo isso é irrelevante, portanto vai e volta, vai e volta, vai e volta até estar resolvido, quando resolveu tudo no planeta, bom agora vamos para onde? Qual é o planeta que tem problema? Vamos lá, ou vocês pensam que quando está tudo resolvido eles vão descansar, vão sair de férias? Quando resolveu, vão para outro lugar, por quê? Porque gostam de ajudar, gostam de fazer, gostam de trabalhar, gostam de estudar. Inatividade é horrível. Gostam de colapsar a função de onda, fazer, expandir o potencial, crescer, evoluir, ascender. Essa é a vida na luz, portanto, vocês podem ter certeza, este livro também chegará lá nos nossos amigos negativos.

Melhor esclarecer. Quando eu falo nossos amigos negativos, antes que falem que o Hélio Couto é do mal, a gente fala os nossos amigos por compaixão, para gerar uma interação social com eles, para não chegar lá como o inimigo. Se você vai falar isso com o negativo, você não vai ter muito tempo de vida, então o que todo povo de Luz faz? Quando tem contato com eles e é possível conversar, os trata como amigo, por saber que nós não somos do contra, não queremos o mal deles, queremos que eles evoluam, embora eles achem que essa ideia de evolução é algo horripilante, mas como a gente é do outro lado, a gente quer ajudá-los, eles ainda não entenderam isso. Eles querem destruir, mas de vez em quando dá para conversar com alguém ou quando eles estão impossibilitados de nos atacar, aí dá para a gente falar um pouco, mas eles não querem saber dessa conversa porque na luz o povo trabalha, trabalha e quando terminou vai trabalhar de novo e quando terminou...

Eles já estão pensando porque há tantos planetas com problemas. Cria-se um planeta novo, vulcão, água, virou continente, nasce o povo, aí problema, o ego toma conta daquela população e já começa os morticínios, as guerras, genocídios, tudo mais, tudo de novo, aí tem que ir lá e arrumar essa coisa, aí depois tem um outro planeta, nasce planeta sem parar por tudo quanto é lugar, não é um por vez, são aos montes. Aí eles estão pensando, "por que há tantos planetas?" Eles pensam, "é para nos torturar", é isso que eles pensam, o Todo está nos torturando. "Ele cria um monte de planetas problemáticos para nossa Redenção. Quando fizermos a Redenção nós vamos ter que ir para lá e quando terminar um, nós temos que ir para o 2º, 3º, 50º, 158 mil."

Estou contando isso para eles saberem, agora estou falando para eles, porque eu sei como eles pensam, eu sei como eles sentem, portanto dá para conversar de igual para igual, para eles não terem a ideia, como muitos têm, de que os seres de Luz são todos uns tontos, uns otários, uns bobinhos, "sabe aquele povo que fica rezando, rezando, rezando, carola", é o que eles pensam. E que "se pode fazer e desfazer num planeta ou no universo" e aí quando eles veem que a coisa não é bem assim, que não dá para fazer e desfazer o que eles bem entendem, aí vocês têm uma ideia do tamanho do ódio que eles sentem. Não é do jeito que o ego deles quer. Com esta atitude eles sofrem, sofrem, sofrem, sofrem, eles se prenderam na própria jaula que eles criaram, esse ódio que eles tem é a própria prisão, eles criaram isso, eles emanam esse ódio e estão presos nisso. Para serem felizes basta parar de emanar esse ódio todo e aceitar que o Todo é benevolente e quer a alegria e a felicidade de todo mundo.

Imagine o sistema nervoso humano, o feixe e você um ser bioquímico elétrico, e passa ali uma corrente, uma química e um neurotransmissor que dá prazer, uma gota, impulso, e aquilo ramifica por toda a rede, outro pulso, outro pulso e outro pulso, sem parar, pulsando bioquímica de prazer no sistema nervoso central do ser, uma hora chega no limite do suportável de prazer que aquele ser pode sentir devido à capacidade do sistema nervoso central que ele tem.

A tortura é o contrário disso. Você bate, bate, bate, mas o prazer é a mesma coisa, usando a mesma rede e aí jorra prazer, prazer, prazer, prazer. Chega-se a um ponto que a pessoa desmaia porque não consegue administrar e metabolizar tanto prazer que está sentindo, apaga um pouco. É um exagero? Não, olha os coelhinhos. Quando os coelhinhos estão fazendo amor, eles fazem, fazem aí desmaia, cai do lado, desmaia, se não desmaiar eles morrem, então o sistema nervoso apaga o sujeito, ele desmaia, se recupera, metaboliza aquilo, aí ele acorda e continua, são os coelhos, não falta coelho no mundo, jamais. E por isto o país que incentiva sua população a crescer, que faz uma propaganda estimulando o próprio povo a que façam como os coelhos, por incrível que pareça. "Façam como os coelhos", está pedindo para o povo fazer como os coelhinhos para que tenha mais gente, senão acaba o país.

Então isso é para vocês terem uma ideia da diferença, uma mínima ideia da diferença do que é o povo de Luz, que manda fazer coelhinho, coelhinho, crescei e multiplicai-vos e aqueles que matam a vida de todas as formas possíveis e imagináveis, essa é a diferença, uns destroem a vida e o Todo falou o quê? Crescei e multiplicai-vos, sem limite. Isso é Redenção, crescei e multiplicai-vos.

Então fazer amor é Redenção? É, é. Você pensava que era o sofrimento, sofrimento, sofrimento, sofrimento, aí a pessoa vai lá no *Face* e se desconecta, "não vou mais seguir o Hélio que ele está falando do sofrimento." Assiste a um vídeo ou 10 minutos do vídeo de um deles.

Para explicar o Universo precisa-se de muitas horas, como funciona. No mundo linear tem que gravar de forma linear, um vídeo, dois, 50 vídeos, 100 vídeos e assim vamos, 500 horas de vídeo, 800 horas até poder explicar o quebra cabeça. Enquanto não terminar de explicar o quebra-cabeça, ainda está no meio da história. "Eu assisti 20 minutos do vídeo, entendi", não entendeu nada. Já assistiu todos? Ótimo, está atualizado, semana que vem tem outro, quando terminar de contar a história, eu aviso, até lá, qualquer interpretação é precária, "aí ele disse isso, ele pensa aquilo", não, não é. Eu ainda estou explicando, estou no meio da conversa, quando terminar, eu aviso, ainda vai ter tempo.

Portanto, Redenção igual amor.